좋은 강

흐른 강

홍성열 지음

좋은땅

• 시집을 읽는 분에게

　세상을 살다 보면 누구나 때때로 감탄도 하고 깊이 느끼는 경험도 합니다. 그런 감탄과 경험들을 글로 옮기면 멋진 시가 되겠지요. 그렇게 생각하면 누구나 아름다운 시도 쓰고 그리고 시인도 될 수 있을 것이라 생각됩니다. 그러나 그런 경험을 글로 옮기는 일은 쉬운 일이 아니고, 더욱이 타인에게 보이는 글이라면 상당한 용기가 필요할 듯합니다.

　저는 시를 쓴다기보다는 뭔가 흔적을 남기고 싶어서 틈틈이 글을 써 왔습니다. 특히 시를 아름답게 만들려고 의도하지 않고 편하게 표현하였습니다.

　저의 글을 읽으시는 모든 분에게 좋은 시간이 되기를 바라며 감사한 마음 전합니다.

2025년 10월

• 저자, 홍성열

1946년생
배재고등학교, 중앙대학교와 대학원에서 학사와 석사학위를 마친 후 한국행동과학연구소와 한국보건사회연구원에 근무하였다.
그 후 Pepperdine University 석사, Brigham Young University 박사학위를 취득하고 강원대학교 심리학과 교수로 재직하며 경찰청 범죄분석자문위원, 한국교정학회장 그리고 초대 한국수사심리학회장을 역임했다.

주요 역, 저서

범죄행동은 유전적인가(공역, 성원사, 1991)
범죄행동은 환경적인가(공역, 성원사, 1995)
집단역학(역서, 양서원, 1991)
사회과학도를 위한 기초통계(학지사, 1998)
범죄심리학(학지사, 2000)

사회과학도를 위한 연구방법론(시그마프레스, 2001)
사회심리학(시그마프레스, 2004)
범죄자 프로파일링(학지사, 2011)

이외 다수의 논문, 교도관과 경찰이 애독하는 학술지, "교정연구"와 "수사연구"의 고정칼럼에 오랫동안 글을 전해 왔다.

e-mail: phdhong@naver.com

차례

part 01

굳은 약속	· 16
국민을 위해서	· 17
기쁜 날은 언제	· 18
10월 하늘 바라보면	· 19
가야만 하는 길	· 20
개구리와 나	· 21
고교동창생	· 22
고립무원	· 23
구름 타고 오실 예수님	· 24
그리운 어린 시절	· 25
급변하는 세상	· 26
결혼기념일에	· 27

part 02

나뭇잎과 친구	· 30

난세에 영웅을 기다리며	· 31
노년의 외로움	· 32
떠오르는 해를 보며	· 33
노년의 더위	· 84
누가 한국인 아니랄까 봐	· 35
누구나 가는 길	· 36
누나의 얼굴을 허공에 그리며	· 37
누나의 임종을 보며	· 38
눈과 눈	· 39
돌아가신 엄니를 그리워하며	· 40

part 03

마음은 어디 있나	· 42
마음의 미세먼지	· 43
막연한 기대	· 44
말세	· 45
머리는 내려가나 보다	· 46
뭉게구름	· 47
미세먼지 보통	· 48
바람에 흩날리는 낙엽을 보며	· 49
뱅뱅 돌아 제자리	· 50

병자호란 어느 병사의 탄식　　　　· 51
보기 싫은 뉴스　　　　· 52
보석 같은 친구, 명근　　　　· 53

part 04

복권　　　　· 56
본향을 그리워하며　　　　· 57
봄은 오지만 세상은　　　　· 58
봄을 기다리는 꼬마　　　　· 59
봄의 전령사　　　　· 60
부부　　　　· 61
부자가 되려면　　　　· 62
불금 대 물금　　　　· 63
붕어명당　　　　· 64
찬란히 빛나는 별　　　　· 66
변덕스러운 봄　　　　· 70

part 05

사라진 뭉게구름　　　　· 72

어버이날을 맞이하며	• 73
사위는 한 삼줄에	• 74
색깔 없는 하루	• 75
샘물호스피스	• 76
소의 해를 맞이해서	• 78
송강회	• 79
수평선과 뭉게구름	• 80
동창회 장면	• 81
사필귀정	• 82
술	• 84

part 06

안 자면 나이 안 먹나	• 86
아내의 연주회	• 87
알 수 없는 인생사	• 88
얄팍한 인간들	• 89
어머니 생각	• 90
동남아 스콜	• 91
70세를 넘기며	• 92
부부 싸움	• 93
어지러운 세상	• 94

어찌 그리 빨리 갔나	· 95
남편의 얼굴을 보며	· 96

part 07

옛 생각의 미화	· 100
안개 짙은 남한산성을 걸으며	· 101
이름처럼 사는 친구	· 102
답답한 세상	· 103
이상한 나라	· 104
와, 가을이다	· 105
이상한 나이	· 106
인생의 승리자	· 107
인생	· 108
임종 전 친구를 그리며	· 110
입 다물고 살 나이	· 111

part 08

자연 앞에 부끄러운 우리	· 114
조용한 아침 시간	· 115

종합병원 예약일	· 116
주어야 받는 시간	· 117
내 친구, 남 목사	· 118
짐승 같은 인간	· 119
천도의 의도	· 120
천생연분	· 121
출근길	· 122
치솟는 화	· 123
암과 씨름 중인 친구	· 124

part 09

코스모스	· 126
누나의 임종을 보며	· 127
폭우를 기다리는 마음	· 128
타임머신을 타고 과거로	· 129
탄자니아 어느 어부	· 130
태풍 속 팜트리	· 131
태풍, 하이엔	· 132
필리핀에서 만난 장마비	· 133
폭우	· 134
필리피노, 조펠	· 135

필리피노의 행복	· 136
필리핀에서 만난 가뭄	· 137

part 10

하늘에 낮게 뜬 비행기를 보며	· 140
하늘에서 배우는 겸손	· 141
하루하루가 다른 날	· 142
학생을 보는 교수의 마음	· 143
한파 속 노숙자	· 144
해님 같은 친구	· 145
해님에게 물어보자	· 146
행복한 사나이	· 147
흐르는 눈물	· 148
다행스러운 삶	· 149
강물처럼 흐르는 세월	· 150

part 01

네팔의 눈 덮인 산봉우리와 주변 경치가
근사해 달리는 차 안에서 사진에 담았다

굳은 약속

견우와 직녀같이
태평양을 사이에 두고
서로 바라만 보다 지쳐
시야가 흐릿하다

만나고 싶은 마음이 바닷물을 말리니
소라도 전복도 얼굴을 드러내고
상어와 고래는 더 깊은 곳을 찾는다

둘은 빠진 모래밭을 걸어
태평양 한가운데서 만나
두 손 꼭 잡는다

다시 떨어지지 말자고
굳게 약속한다

1996년
Florida University에 1년 객원교수로
혼자 갔지만 6개월 만에 귀국하며

국민을 위해서

예전에 심한 가뭄이 들면,
임금님이 죄인인 양 기우제를 지냈다

지금 대통령도 주눅 들어 하늘에 빌까

기우제는 커녕
걱정스러운 얼굴조차 보이지 않는다

국민이 하늘에 신발짝을 던지며
비웃고 있는지 알고 있을까?

힘 꽤나 쓰는 자들은 툭하면
"국민을 위해서"라는 말을 밥 먹듯 한다

그래서
더 밉상이다

기쁜 날은 언제

기쁜 날
그날은 언제일까?
오늘, 어제 아니면 내일

이리저리 애를 써도
언제인지 모르겠다

기쁜 날은 찾는 것이 아니라
정하기 나름이란다

그래? 그렇다면
오늘이라 하면 어떨까?

그래도 여전히 기분이 찜찜하니
기쁜 날은 없나 보다

나만 그런가?

10월 하늘 바라보면

3월 하늘 가만히 우러러보면
유관순 누나가 생각납니다

7월 하늘 조용히 올려다보면
수박, 참외가 생각납니다

10월 하늘 무심코 바라보면
킥 킥
그것 생각난다

뭐야?
그런 것 있어!

가야만 하는 길

소(牛)해
첫발을 딛는다
앞으로 364걸음을 더 가야 한다
그 길은 예정되어 있지만
진흙 길 혹은 아스팔트 길이기도 하다

누가 정하는데?
글쎄, 그런 분이 계시나 봐

너도, 나도 앞으로 가야 하지만,
좋은 길을 가기 원하니
그분께 애원해 볼까?

2021년 1월 2일

개구리와 나

개골개골 개구리
하늘나라 계신
엄마를 생각하는지
밤새 울기만 한다

깊은 밤
돌아가신 엄마 생각에
나는 이리저리 뒤척이며
잠 못 이룬다

개구리 울음소리가 멎으면
잠이 오려나

이제, 그만 울려무나
개구리야

2024년 5월
중국 단동 골프장에서

고교동창생

배재 교문을 나선 후
긴 여정을 지나오니
흰머리, 대머리가 되었네

이제 숨어서 담배를 피고
돌담 넘어 이화를 훔쳐보던
철부지는 아니네

먼 길을 걷다 보니
옛정이 그리워
뒤를 돌아보게 되네

보고 또 봐도
마냥 좋은 우리
다시 만나세!

1999년
培材와 梨花學堂 사이 담장 넘어
여학생을 보던 시절을 회상하며

고립무원

노인이 되니 마음이 편협해져
불편한 사람을 피하려 한다

그래서
점점 외톨이로 변해간다

孤立無援이 되면 밀려오는
적막감을 어찌 견딜지

외톨이 신세를 벗어나려
애를 써도 점점 더 그리되니

그것이 인생인가 보다

구름 타고 오실 예수님

구름 타고 오실 예수님을 찾으려
눈을 크게 뜨고 하늘을 봐도
구름조차 없다

아마도
뭉게구름이 만들어지면
오시려는지

예수님은 뭉게구름이 둥둥 뜬
청정지역으로 오시려나 보다

매연과 황사로 가득한
한국 하늘로는 오시지 않겠지?

2020년 4월 24일

그리운 어린 시절

청명한 하늘
풍성한 오곡 백화
가을이 오면 어린 시절이
절로 생각난다

잠자리채 휘두르며
이리 뛰고 저리 뛰었고

볏짚 태워
서리한 콩 구워 먹으며
꺼먼 입가를 서로 보고 웃었다

그 어린 시절이 마냥
그립구나!

급변하는 세상

가을에 뭣하면 좋을까?

하던 일 멈추고 새참 먹는
농부를 보러 갈까?

막걸리 한 사발 들이키고
김치 한 점 입에 넣으며
미소 짓는 그들이 보고 싶다

어허,
새참에 배달된 자장면을 보니
머리가 혼란스럽다

급변하는 세상을 어찌 따라갈지
노인의 삶은 여러모로
쉽지 않구나!

결혼기념일에

동녘 검단산에 떠오르는 해님
천지를 붉게 물들이신다

해님은 하늘과 산의
정기를 모아 어딘가를 비추신다

검단산을 향한 초록색 빌딩에서
오손도손 사는 다람쥐와 곰은
지난 세월에 감사하고
살아갈 날들이 햇빛으로
가득하기를 소원한다

2002년 1월 7일

part 02

캄보디아 앙코르 와트 입구
원주민 아이들이 내 맘속 한 곳에
깊이 자리 잡았다

나뭇잎과 친구

여름에 무성하던 나뭇잎
가을이 되니 한 잎, 두 잎 떨어진다

노년에 이르니
친구가 하나, 둘 저세상으로 간다

앙상한 가지를 보니

떨어진 나뭇잎
떨어질 나뭇잎
별 차이 없는 듯하다

아니야,
엄연한 차이가 있기에
돌아간 친구를
그리워하고 있는 것이네

난세에 영웅을 기다리며

세상이 컴컴하니
보이는 것도
모두 검은색이다

과거에 난세가 되면
세상을 구할
영웅이 나타났다

난세를 살며
오매불망 그를 기다린다

오셔서
우리를 구하소서

노년의 외로움

찾는 이가 점점 줄어드는 노년
외로움이 스며든다

앞서간 선배들은
외로움을 편히 받아들이라 한다

아니! 무슨 소리야!
나는 그리되지 않을 텐데

어허,
그렇게 되면 얼마나 좋을꼬

그리 말하는 지금도
외로움과 함께 있지 않은가?

떠오르는 해를 보며

주문진 해변
떠오르는 해를 보며
과거를 회상한다

이상하게 나쁜 기억이
더 뚜렷하다

아니, 이런
그런 일이 있었나?
이를 어쩌나!

2022년

노년의 더위

무더운 날씨가 나를 힘들게 하니
피서 겸 과거 기억을 더듬는다

할 말을 못 찾고 횡설수설하다
그녀에게 퇴짜 먹던 날

똥 꿈 꾸고 횡재를 기대하며
복권을 사던 그날

더위를 피하려고
이리저리 묘안을 찾지만

끈적끈적
살에 붙는 더위는
피할 길 없구나

누가 한국인 아니랄까 봐

이역 땅 필리핀 한 골프장에
한국 사람이 전국에서 모였다

이들은 동도 트기 전
급히 밥 먹고 필드로 향한다

컴컴해서 잘 보이지 않아도
티샷하며 공을 날린다

good shot!
애구!

뒤에서 차례를 기다리는
사람들의 소리가 아침 해를 부른다

한국인은 어디 가도 극성이다
누가 한국인 아니랄까 봐!

누구나 가는 길

한 친구가 돌아갔다
누구나 다 가는 그곳으로

어딘데?
잘 모르지만,
너도, 나도
언젠가 가게 되는 곳이야

어쩌나
이곳에 오래 머물고 싶은데

아니,
왜 이리 보채냐
그런다고 되는 일이 아닐세

먼저 가느냐 아님 나중에 가느냐
차이는 그것뿐이야

누나의 얼굴을 허공에 그리며

가슴이 묵직하게 미어질 때면
누나의 얼굴을 찾으려
허공을 바라봅니다

멀고도 먼 브라질에서
자식과 남편에게 버림받고
병들어 찾아온 고국

누나를 맡을 걱정에
표정 없는 동생을 대하며
"너마저" 하며 울고 싶었겠지요

지금 본향에서 환히 웃고 있을
누나를 생각하며
동생은 죄송한 마음뿐입니다

느닷없이 가슴이 미어질 때면
허공을 바라보며
누나의 얼굴을 그려 봅니다

누나의 임종을 보며

저 높이 보이는 하늘

작은 한 곳을 통해서
찬란한 빛이 보인다

참기 어려운 고통 중에도
소망을 찾아
그 빛을 바라본다

이제 나는 괴로운 육신을 떠나
찬란한 빛으로 가득한 하늘나라

그 나라로 나는 간다

2002년 2월 23일
작은누나의 임종을 보며
글을 대신해서

눈과 눈

오늘 큰 눈이 온단다
우리도 눈을 갖는다
왜 하필 발음이 같을까?

하늘에서 내리는 눈은
세상의 모든 것을 덮고,
눈을 감으면
세상 어떤 것도 볼 수 없다

하늘에서 내리는 눈
우리의 눈
세상 잡다한 것들을 덮는다

아하,
그래서 둘 다 눈이라 하는구나!

2012년 12월 13일

돌아가신 엄니를 그리워하며

멀고 먼 창공을 이리저리 둘러본다
혹시 엄니가 구름 타고 가시나 하고

하늘 한 곳을 열심히 올려다본다
엄니가 천국에 계신가 해서

당신의 재를 허공에 뿌려 달라 시드니
공기가 되셨나 보다

그래서
나의 숨결을 타고 가슴에 머물며
아들을 위해 기도하고 계신다

그리운 엄니

2014년 10월

part 03

네팔 군악대의 연주가 무겁게 느껴진다
높은 분이 돌아가서 슬픔이 담겨 있나 보다

마음은 어디 있나

마음은 어디 있나
어떤 이는 가슴에
다른 이는 머리에 있단다

그래서
가슴이 찡하다
머리가 띵하다 하나 보다

도대체 마음은 어디 있는 거야?
뇌에 있단다

믿어도 될지
여전히 아리송하네

마음의 미세먼지

세상을 살다 보면,
마음에도 미세먼지가 낀다
그러면 우중충한 기분이다

주일 아침
교회에서 교인들과 어울려
기도하고 찬송하면
바람이 미세먼지를 쓸어 가듯
마음의 먼지도 사라진다

그래서
교회 다니나 보다

어허,
그건 아닌데

막연한 기대

오늘 좋은 소식이 들려올까
눈을 좌, 우로 굴리고
머리를 위, 아래로 흔들지만
뭣 하나 잡히지 않는다

좀 모자란 듯해서
기지개를 켜 본다
그래도 허탕이다

애꿎은 눈과 머리 회전으로
어지럽지만

여전히
기대를 잡으려고 손을 뻗는다

그러나
기대는 내 손 넘어
저 멀리서 웃고 있다

말세

말세라 말을 한 지
천년도 지났지만
오는지, 이미 왔는지
알 길이 없다

이 사람, 저 사람
말세를 엿가락 늘리듯 한다

모두 같은 시대에 살지만
말세는 각자 생각하기
나름인 양 싶다

그런데 말이지

말세라고 외치는 자들은
뭔가 숨긴 채
믿고 따르라 한다

그 말은 진짜다

머리는 내려가나 보다

꺽다리가 꾸부정한 폼으로
휘적휘적 걷지만 눈은 매섭다

당구장에서 살다시피 해도
500선에 가기 어려운데
그의 실력은 1000이다
아마추어가!

아마도 꺽다리의 머리가
상중에서 상인가 보다

그의 아들, 딸 둘이 의사란다
하나도 아니고 둘씩이나!

아버지의 머리가 내려갔나 보다
아니, 머리가 내려가다니
물구나무서기를 했나?

그게 아니라 아버지의 좋은 머리를
아이들이 물려받았다는 말이네

뭉게구름

잘 다듬어진 잔디에서
골프공과 씨름을 하는 중에
가끔 하늘을 본다

파란 하늘에 두둥실 떠 있는
뭉게구름이 빙글빙글 웃으며 하는 말
"아니, 왜 그 좋은 곳에서 울상이니?
너 바보구나!"

뭉게구름은 다시
"어이, 바보야, 자연을 즐겨 봐!" 하며
여전히 나를 따라다니며 웃는다

2022년 필리핀 Mercedes 골프장에서

미세먼지 보통

찌푸린 하늘
뿌연 대기
미세먼지 보통이라지만
믿기 어렵다

왕서방에게 따질 수도 없고
뭣 하나 바꿀 수도 없으니

그냥
그러려니 하고 맘 편히 지내세

바람에 흩날리는 낙엽을 보며

휘이익, 휘이익
찬기를 먹은 바람이
심술궂다

간신히 붙어 있는
나뭇잎은 떨어지지 않으려
애를 쓴다

힘을 다한 나뭇잎은 체념한 듯
모든 것을 훌훌 털고
나무를 떠난다

우리의 인생처럼

2016년 10월 7일

뱅뱅 돌아 제자리

엄청 추운 날이다
이런 날에 무엇을 하나

빈대떡 부쳐서 먹지
그것 왜 먹나?
심심하니까

왜 심심하지?
할 일이 없으니까

창밖을 보며
여러 생각에 잠기지만,
뱅뱅 돌아 제자리로 온다

2014년 12월 6일

병자호란 어느 병사의 탄식

북풍한설이 매섭다

예전 같으면
찬 바람을 즐길 수도 있으나
오늘은 심술궂은 악귀 같다

성 밖의 오랑캐는 독한 눈을 치켜뜨고
다 잡은 먹이를 가지고 노는 듯한다

이제
허기로 지친 몸이 부담스럽다

도대체
윗놈들은 무엇 하고 있는지
하늘이 원망스럽구나

쌩쌩 소리 내며 볼따귀를
때리는 눈보라가 이리도 귀찮다니

참으로 피를 빠는 거머리 같구나

보기 싫은 뉴스

TV 시청에서 뉴스가 으뜸이었다
이것저것, 이곳저곳
국내외 뉴스를 들으며
사는 기분에 젖었다

요즘은 뉴스가 제일 싫다
시작부터
쌈박질해대니까

아니, 저럴 수가 있나
너무 뻔뻔해
철면피들이 뉴스를 장식한다

그자들은 국회의원이다

보석 같은 친구, 명근

명근은
동에 번쩍, 서에 번쩍
걸음걸이가 준마 급이니
적토마라 불린다

목소리도 높고
따발총 쏘듯 하니
듣다 보면 멍해진다

그는 늘 분주하지만
친구의 요청을 마다하지 않는다

참으로 우리의 보석이구나!

part 04

중국 티벳 자치구에 있는 라사의 상징이며
망명 중인 달라이라마가 머물던 포탈라 궁전

복권

복권판매소를 향해서
길게 늘어선 군상들
남녀노소 구분이 없다

차례를 기다리는 시선은
정지된 듯
앞사람의 뒤통수를 향한다

모두 여러 번 허탕을 맛보았지만
"이번만은" 하는 기대로 부푼다

어쩌나
모두가 같은 마음이니

하늘도 쩔쩔매며
콧등에 땀이 송송 맺혀 있겠지?

본향을 그리워하며

폐암 말기
혈관을 타고 암세포가
온몸에 퍼져 나간다

어찌 이리도 힘든가?
죄어 오는 목을
칼로 베는 듯한 고통 속에
울려고 해도 울어지지 않는다

이제 나는 기운이 다 했는지
흐늘거린다

한 많은 세상
고통으로 채워진 세상을 떠나
저 멀리 보이는 본향을 향해
나는 간다

2000년 8월 1일
샘물호스피스에서 세상을 떠난
작은누나를 대신해서

봄은 오지만 세상은

차가운 겨울이 지나고
꽃 피는 봄이 시작된다

이상하게 금년 봄은
마음이 무겁다

한국 근대사와 비교되는
어두운 그림자가
사회 구석구석에
자리 잡기 때문이다

그래도
오는 봄은 막을 수가 없으니
우리의 소망이 꽃 피려나

봄을 기다리는 꼬마

아궁이에 검불을 때서
밥하고 구들을 데우던 어린 시절

어느 해
냉기 서린 방에서 우연히 본 잡지의
"새싹이 움트는 3월"이라는 제목이
생생히 기억된다

지금 훈훈한 방에 앉아서 예전의
추위를 느껴 본다

한기가 온몸에 스며들어도
기댈 곳 없던 그 시절

얼마나 추웠으면,
반세기도 훌쩍 넘긴 지금까지
머리에 남아 있을까!

봄의 전령사

해갈을 기다리던 중에
봄비가 내린다

비로 인해 얼었던
땅 밑 세상이 분주하다

땅을 뚫고 새싹을 내밀려는
기운은 서로 시샘을 한다

봄의 전령사,
봄비가 이렇듯 세상에
새 힘을 전한다

부부

현관은 반쪽 두 개가
합쳐서 하나가 된다

둘 중 어느 하나가
더 커도, 작아도
볼품이 없다

가정의 현관문은 부부이다
둘 중 어느 하나의 힘이
더 세도, 약해도 불화가 생긴다

부부가 평등해서 하나 될 때,
가정이 평온하다

부자가 되려면

돼지는 고개를 들지 못하고
오직 땅만 보고 산다

세상 모든 재화가 땅에 있으니
고개를 못 드는 돼지가
부의 상징이라 불린다

더욱이
돼지는 하늘 무서운 줄 모르고
마구 욕심을 부린다

부자가 되려면,
돼지처럼 살아야 하나?

불금 대 물금

금요일이다
우리의 나이를 요일로 치면
금(金)요일 정도 되겠지?

젊은이는 불같이 타오르듯 놀며
불금(火金)이라 부른다

노인은 물금(水金)이라 하면 어떨까?

물은 큰일이 없으면
대체로 잔잔하니까

노인이 불금인 양 놀면
노망났다 하지 않겠나?

2021년 1월 15일

붕어명당

계룡산 높은 곳
어느 골짝에 자리 잡은 붕어명당

아니, 높은 산에 웬 붕어야
붕어는 산밑 호수에 살아야지
어허, 이상하구나

이곳 사람들은 다른 이들과
어울리지 못하니 여기 보내졌단다

이들을 물로 보내고 싶었지만
그리 못해 이름이라도 물 냄새 풍기는
붕어명당에 보냈나 보다

산에서 붕어처럼 살라니
죽으란 말이겠지

허참,

얼마나 힘들었으면!

2015년 5월 21일
붕어명당은 아주 오래전
정신 이상자를 수용하는 시설이었는데
이제 사라지고 없을 듯하다

찬란히 빛나는 별

가련한 별

별은 별이지만
망망대해에 조각배 같은 별
그런 별이 진주 땅에 던져졌네
힘이 없어 삶을 포기해야만 하나
누가 그 별의 아픔을 알아줄까

마산 결핵 요양원에서
죽어 가는 이들을 보며
절망의 구렁으로 빠져들었네

어허야, 어허야
어찌 나는 이런 길을 가야만 하나
진주의 가련한 별은 힘없이 스러져 가네

그 별은 엎어지고 동그라져
상처투성이지만
욕심을 키우며 오기를 부르네

가련한 별은 그대로 주저앉을 수 없는
운명을 타고난 듯
전신의 힘을 모아 주먹을 불끈 쥐었네

큰 별

가련한 별은 깊은 호흡을 하며
몸속의 온갖 찌꺼기가 다 빠져나가란 듯
힘차게 소리를 질렀네

허공에 산산이 흩어지는
지난날의 고통을 바라보며
가슴을 활짝 폈네

가련한 별은 이제 큰 별이 되어
온갖 어려움이 닥쳐도 투지로 싸웠네

큰 별은 생과 사를 넘나들던
기억을 더듬으며 칼과 창을 휘둘렀네
칼이 긋고 창이 찌르는 소리와 함께

세상의 어려움은 힘없이 스러져 갔네

욕심과 모험을 즐기는 큰 별은
진주시를 珍州로 만들었네

빛나는 별

큰 별은 찬란한 빛을 발하며
구석을 찾고 또 찾아
어려운 사람들을 구하네

험난했던 지난날들이
이제는 기쁨으로 바뀌고
온통 분홍빛으로 변해 갔네

사람들아
희망을 가져라!
절망에서 벗어난 기쁨이 어떤 것인지를
큰소리로 외치며 가르치는 빛나는 별

오호라, 오호라
이것이 인생이야

오솔길을 가야 넓은 길을 만난다
고산준령을 넘어야 광야를 볼 수 있다

별은 오늘도 구석구석을 밝히며
사람들을 향해 그렇게 외친다

2009년
진주시 상공회 의장을 역임한
故양윤식 회장의 일생을 그리며

변덕스러운 봄

봄, 봄
진짜 봄
가짜 봄
봄도 여러 가지네

봄은
이리저리 왔다 갔다
우리를 어지럽힌다

그리고
슬그머니 사라지며
여름에게 계절의 바통을 넘긴다

내년에도 변덕스럽겠지
그것이 봄의 매력이래

매력도 여러 가지야!

part 05

이른 아침 매일 염주를 들고 소원을 빌며
어디론가 향하는 티벳 사람들

사라진 뭉게구름

예전 하늘에서
뭉게구름을 볼 수 있었다
뭉글, 뭉글 꽃 피는 듯한
구름이 보기 좋았다

요즘 하늘에
뭉게구름을 볼 수 없다
미세먼지의 친구가 되어
사라졌나 보다

사라진 뭉게구름을
부르면 오려나?

친구를 부르듯이

어버이날을 맞이하며

어버이 은혜
깊이도 높이도
헤아리기 어렵네

저 멀리 계신 줄 알았는데
항상 내 마음에 계셨네

늘
걱정하고
격려하시며

사위는 한 삼줄에

첫 사위를 얻고 속상해서
둘째는 착한 사람이기를 원했지만
별반 차이 없구나

마지막 남은 셋째에 희망을 걸어 본다
그자도 윗놈들과 다를 바 없네

모두 한배에서 태어났으니
신랑감 보는 눈이
어찌 다를 수 있으랴

그래서
사위는 한 삼줄에
꿰매이나 보다

색깔 없는 하루

하루가 빠르니
한 주도 휙 지나간다
아니, 벌써 한 해가 기울었네

어떤 이는 세월이 빠르다 하고,
다른 이는 느리다 한다

나는 어떤가?
아무래도 빠른 것이 좋겠지

그런데 뭔가 좀 어색하다
그럼, 느리다 할까?
이것도 아닌데

그래서 나의 하루는
색깔 없이 지나간다

샘물호스피스

용인 들판 아늑한 산자락
남이 볼까 수줍은 듯
보일 듯 말 듯
숨어서 자리 잡은 샘물 호스피스

샘물은 오몰오몰 솟으며
싱그러운 산소와 더불어
고통받는 이들을 부른다

얼른 와서 타는 목을 축이고
빨리 와서 위로를 받으라고

샘물을 마신 이의 고통은
평안과 찬송으로 바뀌며
저 멀리 본향을 바라보게 한다

아카시아 향기가 바람을 타고
널리 퍼지듯

샘물은 고통받는 이들에게
위안을 주며 쉼 없이 솟아오른다

2023년 7월 12일

소의 해를 맞이해서

소의 해를 맞이한다
소는 행동이 느리지만
묵묵히 소임을 다한다

소는 죽은 후에도
몸 전체를 내어 준다

어허! 소만도 못한 인간이
부지기수로구나

올해
소같이 살 수 있을까
아니야, 한껏 노력해도 어려워

왜?
인간이니까!

2021년 1월 1일

송강회

어느 날 한순간
머릿속 깊은 곳에서
무언가 불쑥 솟는다

이것은 시간이 지날수록
자꾸 머리에 떠오른다

알듯 말듯
스쳐 가는 그것은
소나무(松)와 강(江)이었네

그래 松江이야!

2002년
송파구와 강동구에 거주하는
친구들의 모임 이름을 송강회라 정하며

수평선과 뭉게구름

며칠 동안 엄청난 비를 쏟던 하늘

오늘은 쉬며 바다와 어울려
긴 수평선을 만든다

그 선 위에 뭉게구름
몽실, 몽실 그림을 그린다

그림은 맛있는 솜사탕이 되고
때론 예쁜 선녀가 된다

선녀님들은 미소를 지으며

"인생을 너무 짙게 색칠하지 말라"는
당부를 한다

2023년 1월 14일
필리핀 Mercedes 골프장 숙소에서

동창회 장면

왁자지껄
흰머리, 대머리 노인들이
주위를 아랑곳하지 않고
마구 떠든다

애국가 부르고
먼저 간 동기를 위해 묵념하며
머리에 철근을 올려놓은 듯
엄숙하다

먹고, 마시고 떠드는 중에
끝나는 시간이 되면
"우리 배재학당, 배재학당
노래 합시다. 시스붐바. 야!"
목이 터지듯 교가를 부른다

동창회의 멋진 장면이다

사필귀정

겨울이 지나면 봄이 오듯이
세상일 모두 우연이 아닌 양 싶다

먼 길을 가야 할 사람은
머리를 좌우로 흔들지만
온 길을 되돌아보는 사람은
머리를 끄덕인다

지나온 학문의 길을 되돌아보며
세상일 모두가 그러하듯이
연구방법론 책의 출간은
나의 일이었나 보다

멀리서 면면히 이어 오는 한강 물과
검단산 봉우리를 붉게 물들이는
해님을 보며

또, 다시
내게 주어진 새 일을 찾는다

2001년 춘삼월
사회과학도를 위한 연구방법론
책을 출간하며

술

술 마시고 노래하고 춤추니
세상이 온통 연분홍색이로다

노세, 노세 젊어 노세

그런데
늙어서도 노세, 노세 하니
좋은 세상이로구나

술 먹다 늙고,
늙어서도 술 먹으니
술은 우리의 벗이로다

하지만,
그리하다 술독에 빠져
죽으면 어찌하리오

part 06

네팔의 어느 마을을 지나며 순박한
아이들을 사진에 담았다

안 자면 나이 안 먹나

요즘 왠지 마음이 편치 않다
곰곰이 생각해도 원인을 모르니
나이 탓인가 보다

나이, 그것 뭔데?
365일 자고 나면 하나씩 먹는 거야
그럼 안 자면, 나이 안 먹겠네

그런데, 이상하다
잠자려고 애쓰는 사람이 너무 많다
나이 먹는 줄도 모르고

잠 안 자고 버티어 보세
오래 살지 않겠나!

아내의 연주회

4인 음악회
세 사람의 연주 후에 나타난
작은 키의 아내
특유의 미소로 관중을 압도한다

목젖이 보일 듯, 말 듯
큰 소리를 내다가
갑자기 큰 바위 틈새의
실바람 같은 소리로
관객의 가슴을 파고든다

아내의 소리와 함께
스쳐 가는 지난날의 기억들이
나의 가슴에 긴 여운을 남긴다

2004년 6월 14일

알 수 없는 인생사

나름대로 노력하며 살았지만
어긋나는 이유를 모르겠다

참는 것이 능사인가?
가끔 연극을 해야 하나?
그것도 아닌 것 같은데

잠시 눈 감고 있으면
별일 아닌 듯하지만
어찌해야 할지 난감하다

한국으로 향하는 Alaska 경유지에서
연결 고리가 약해진
방황의 골목길을 걷는다

얄팍한 인간들

미국이 세긴 세구나!
세상의 시선이 미국 대선을 향한다

바이든이 트럼프를 누르고
대통령이 되었다

그를 쬐끔 아는 자들이
콩고물을 얻어 올 수 있는 양
입을 크게 벌린다

미국인은 그리 가볍지 않아
얄팍한 인간들아!

2021년 1월 20일

어머니 생각

왜 그런지 자꾸
어머니 山所에 가고 싶다
정초에 가야지
시간 나면 가야지
그러다 긴 시일이 흘렀다

어머니께 송구한 마음이다

내 맘이 그러하니
어머니는 산소보다
나와 함께 계시나 보다

늘 함께 계신 어머니를
산소에서 만나려 하니
이상한 생각 아닌가

1995년

동남아 스콜

서서히
검은 구름이 하늘을 덮으며
바람이 휘몰아친다

후드득, 후드득
빗방울이 떨어지다가

휙휙 좍좍
마구 퍼붓는다

잠시 후,
저 멀리 맑은 하늘이 보이며
햇볕이 쨍쨍
언제 비가 왔나 싶다

스콜은 잠시 요란을 떨다가
그렇게 슬며시 지나간다

2023년 2월

70세를 넘기며

70세를 넘기니 기분이 어떤가?
마냥 노인 같아

잠시 노인인 체 하는 거야?
그건 아닌가 봐

노인이 뭐길래?
할 일이 없는 사람이래

할 일을 찾으면 되지 않나?

어허
그것이, 그게 쉽지 않구먼

2016년
어느 날 울적한 마음으로

부부 싸움

부부가 다툴 때
상대 집안의 비난은
부메랑 효과를 부른다

왜냐하면
우리의 뇌에는
대대로 이어지는 조상들도
함께 있기 때문이야

그래서
부부 싸움을 하는 중에
상대 집안을 비난하면
노한 조상들이
일시에 공격하게 만든다

격노한 상대가 상상되지?

부부 싸움은 피할 수 없으니
어떻게 싸워야 하는지
이제 알았을 거야

어지러운 세상

오늘 눈이 신나게 온다
세상이 보기 싫어
흰색으로 덮으려나 보다

그렇지만
흰 눈이 세상을 어찌 이기랴
며칠 지나 눈이 녹으면
본색을 드러낼 터인데

이렇듯
희망이 보이지 않는 세상이니
마음에 먹구름만 끼었구나

어찌하랴
작금의 세상이
우리의 운명인 것을!

어찌 그리 빨리 갔나

어이, 뭐 해?
뭐, 그냥 집에 있어
그럼 나와
그려

언제나 나의 부름에 응했던 친구
그가 저 멀리 가고 없다

나의 가슴 한가운데가
휑하니 뚫린 듯하다

친구야!
어찌 그리 빨리 갔나?

너의 모습이 나의 눈에
너의 목소리가 나의 귀에
잔물결을 이는구나!

남편의 얼굴을 보며

푸른 하늘에
구름 작품을 만든다 해서
만난 그 사람

이제나, 저제나
기다려 봐도 작품 소식이 없네

아들 낳고 또 딸 낳고
뭔가 있나 해서 자세히 봐도
푸른 하늘에 구름 한 점 없네

큰소리친 약속을 마냥 기다려 봐도
기색이 없어 넓고, 넓은 창공에
추억 더듬으며 수를 놓는다

지친 손 놓고 옆을 보니
예전의 기백은 찾을 길 없고
미안한 기색만
얼굴 곳곳에 스며 있네

그래도 뭔가 살아 있는지
이따금 흰소리 치지만
측은한 마음에 예전 헛된 기백마저
그리워지네

2016년
동창회 모임에 부인들을
초대하는 글을 만들며

part 07

차가운 날씨를 연상케 하는 남한산성 성벽
병자호란의 참상을 떠올리게 한다

옛 생각의 미화

그때 그 시절
비가 오면 방안 천장에서
빗방울이 똑똑 떨어졌다

그러면
세숫대야가 방에 놓이며
상전으로 모셔졌다

식구들은 상전을 피해
구석으로 밀리며
초라한 신세가 되었다

그런데
그 시절이 아름답게
회상되는 이유는 뭘까?

안개 짙은 남한산성을 걸으며

안개로 짙게 뒤덮인 남한산성

인조의 한이
온 산을 덮는 듯하다

나뭇잎에 맺혀
뚝, 뚝 떨어지는 물방울은
적장에게 머리를 숙인 아비를 보며
흘리는 세자의 눈물인가 보다

어이할꼬, 어이할꼬
안개로 뒤덮인 남한산성에
한 맺힌 원한이 맴돌고 있다

이름처럼 사는 친구

있는 듯, 없는 듯
겸손이 사람을 부른다

평온한 얼굴이
주위의 시선을 모으고
모나지 않은 태도가
은혜에 묻혀 있는 듯 보인다

그 이름, 순동

답답한 세상

역병 코로나가 창궐해서
하늘길도, 뱃길도 막혔다

온 세상 사람 모두가
우리 안에 갇힌 듯하니
공포와 짜증만 쌓여
서로 삿대질한다

이번 사태는
하늘에 빌어도 소용없으니
숨이 막혀 죽을 지경이다

피할 곳조차 없으니
너도, 나도 망연자실이다

2020년 3월

이상한 나라

상과 벌의 기준은 선행과 악행이다
그런데 요즘 이상한 기준이 생겼다
주택 소유 수이다

높으신 분 옆에 앉아 있으려면
무주택자가 더 유리하다

집 없는 초라한 삶이어도
좋다는 사람들이 더러 있다

이상한 사람들이 사는 곳
그 나라가 한국이다

와, 가을이다

코스모스 하늘하늘
가을바람 솔솔

내 마음도 동동
파란 하늘로 오른다

와, 가을이다

2022년 9월 15일

이상한 나이

나이를 먹는다
하나도 아니고 70개 넘게 먹었다
그런데 배가 안 부르다

밥을 먹어도
고구마를 먹어도
무엇을 먹어도 배가 부르다

그런데
나이를 먹으면 배는 안 부르고
머리가 무거워진다

다른 것을 먹으면 아래로 가는데
나이는 위로 가나 보다

정말 큰 차이다
나이를 더 먹어야 알게 될까?

2020년 3월 28일

인생의 승리자

모두가 같은 선에서
출발하지 못한다

모두가 같은 등짐을 지고
떠나지 못한다

모두의 처음은
그렇게 시작된다

불공평한 출발은
생의 원동력이다

이것을
흔쾌히 받아들이는 자만이
인생의 승리자가 된다

인생

깜깜하지만 포근한 그곳
미련이 있어도 더 머물 수 없었네

엄청난 힘에 못 이겨
세상 밖으로 밀려나
두려움에 떨던 나를
따스하게 품어 주시던 엄마

포근한 엄마의 품속에서
편안하게 지내던 나는
머리가 자라고 힘이 생기니
제멋대로 하고 살았네

세상을 유랑하며 다니다가
나처럼 잘난 체하며 사는
짝을 만나 부부가 되었네

둘은 새끼를 낳고, 먹이느라
제 몫까지 자식에게 주고 나니
어느 사이 기운이 다했네

애지중지 키운 자식들은
어디론가 훌훌 떠나고
둘만 남았네

이제야 다시
엄마의 포근한 품이 그리워지네

둘이 된 우리는
짙은 안개 속을 두 손 꼭 잡고
정처 없는 여정을 계속해야 하네

하나가 소리 없이 사라질까 봐
두 손 꼬옥 잡고
한 발 딛고 서로 보고
또 한 발 딛고 서로 보네

임종 전 친구를 그리며

오늘
주룩, 주룩 떨어지는 비와 함께
돌아간 친구의 생각이 꼬리를 문다

병상에 누워 축 늘어진 육체에
실낱 같은 영혼을 붙잡고 애쓰던 친구
떨어지는 비가 그의 눈물인 양 싶다

친구여
이제 눈물을 그치시게

자네가 가야 할 저곳은
눈물도 고통도 없는
그런 곳이지 않은가!

2017년
뇌종양으로 돌아간 친구를 그리며

입 다물고 살 나이

오랜만에 비가 제법 온다
하늘에서 오는 것이면
雨도 雪도 좋다

왜냐고?
하늘이 주는 것이니까!

그러면
하늘에 누가 있나?
높은 분이 계시나 봐

그분이 세상을 주관하시니
이번에 얼마나 많은 비를 주실지
알 수 없지만

줘도 안 줘도 불만이 탱천하니,
노여움을 사지 않을지

이제 입 다물고
조용히 살아야 할 나이 아닌가!

part 08

네팔의 어느 산골 마을
자매의 해맑은 표정을 사진에 담았다

자연 앞에 부끄러운 우리

차창 밖으로 스쳐 가는
황금빛 들판이
시원스레 펼쳐진다

언제 태풍이 왔었는지
흔적도 없다

인간이 서로 싸움질해도
계절은 개의치 않고
어김없이 찾아온다

조그만 일에도 촐싹대며
감정을 드러내는 우리
자연 앞에서
한없이 부끄럽구나!

조용한 아침 시간

조용한 아침
마음에서 우러나는 것을
흔적으로 남기고 싶다

그래서
실타래를 풀어내듯이
몇 자 끄적댄다

그러다 보면
뭔가 생겨서 읽는 이의
마음에 그려질 거야

뭣이 만들어지는지
생각만 해도 기분 좋다

2020년 4월 30일

종합병원 예약일

11월 15일
그날을 오매불망 기다리지만
오히려 오지 않으면 좋겠다

어허, 왜 그러나?
종합병원 예약일이기 때문이야

종합병원은 숨이 목에 차도
차례를 기다리게 한다

세상에서 힘이 제일 센 놈은
뭐니 뭐니 해도
명줄을 쥔 종합병원이겠지?

주어야 받는 시간

나이가 들어가니,
주어질 시간이
얼마나 남았는지 궁금하다

많이 달라고 간청해 볼까?
어허, 청해서 받는다면
세상 사람 모두 청하겠네

아니면, 돈 주고 사면 되나?

무슨 소리
아무리 돈 많아도 소용없단다

청을 해도, 사지도 못하니
묵묵히 앞으로 나아갈 뿐이야

내 친구, 남 목사

남 목사가 은퇴하신다
그동안 말씀 전하느라
진력을 다하셨네

그는 빈손으로 시작하고
빈손으로 강단을 떠나지만
동기들 머리를
수북히 채워 주셨네

그로부터 참 신앙인의
삶을 알게 되었네

그동안 수고 많으셨습니다

2023년 11월

짐승 같은 인간

중국 우한 코로나바이러스로
세상이 뒤집혔다

먹지 말아야 할
박쥐, 뱀, 천산갑 등을
먹다가 큰코다쳤다

헉,
익히지도 않고
날것을 먹기도 한다

참으로
짐승 같은 인간들이네

천도의 의도

遷都를 하잔다
조선이 개성에서 한양으로 천도하며
수많은 사람이 제거되었다

설마
천도를 운운하며
처리하고 싶은 사람이 있는지

그리하기 어렵지만
마음만은 하고 싶겠지

주위의 훼방꾼들을 제거하면
정말 시원할 거야!

너도, 나도 그런 마음이니
나라가 요지경 속이다

천생연분

외로운 별 하나가
짝을 찾으려 이리저리 둘러보지만
그리는 짝이 보이지 않는다

힘을 다해 지쳐 가던 별에게
한 유성이 느닷없이 다가와
속삭이는 말,

"당신은 이미 정해진 짝을
묻고 또 물으며 찾아가는 중이야."

천생연분은 그런 것이란다

출근길

미끄러지듯 내려가는 에스컬레이터
반대편에서 오르는 얼굴들이
스르륵 나의 시선에 담긴다

한결같이 굳은 얼굴들
직장의 무거움이 스며 있나 보다

은퇴 후 이들을 보며
깊은 사색의 늪에 빠져든다

"힘을 내세요
세상살이 쉽지 않소이다"

마음속으로 응원을 한다

치솟는 화

휘발유에 불을 붙이면
삽시간에 주위가 잿더미로 변한다

치솟는 화를 참지 못하면
몸 전체에 불을 지른 듯
온몸이 달아오른다

이런 경우
뒷머리 잡고 넘어지면
중풍을 맞게 된다

중풍,
반신을 불구로 만든다

에그, 무서워라

암과 씨름 중인 친구

등산하며 뚜벅, 뚜벅
황소처럼 걷는 친구

어제 야간 근무하고 피곤할 텐데
아무런 기색도 보이지 않는다

유도선수가 딱인데
시기를 놓쳤지만

다시
그를 학생 시절로 돌려놓고 싶다

그런 친구가 암과 씨름 중이니
모두의 기도가 필요한 때이다

기도의 응답을 기다리며

2020년 5월 29일

part 09

네팔의 시골 마을
늘 걷던 길을 묵묵히 가고 있는 소들

코스모스

어느 해 가을날
여덟 명이 모여서 만든 모임 이름,
코스모스

이름을 짓고 보니 꽃잎이
여덟 개이다

그동안 만나서 행복하게 지낸
여덟 개 꽃잎 중

하나가
속절없이 떨어져 나갔다

남은 일곱 개 꽃잎은
떨어진 꽃잎이
천국에 갔을 것이라 믿으며
찬송 부른다

2024년

누나의 임종을 보며

넓은 하늘 한 곳에서
찬란한 빛이 비친다

참기 어려운 고통 중에도
그 빛을 보며 소망을 그린다

이제 고통스러운 육신을 떠나
황금빛으로 가득한 그곳,
하늘나라로 나는 간다

2017년
대장암으로 저세상 사람이 된
큰누나를 대신해서

폭우를 기다리는 마음

비야, 비야
내려라
힘차게 마구 퍼부어라

입 장난하는 자들을 찾아서
입을 때려 주고
모두 쓸어 가려무나

그래서
다른 세상을 보게 해 주렴

타임머신을 타고 과거로

떠오르는 해를 보며
타임머신을 타고 과거로 떠난다

단종이 자신의 운명을 알고 있었는지
기생, 황진이가 왜 그리 도도했는지
연산군이 왜 그리 추한 짓을 했는지
물어본다

와! 정말 신난다

정신 놓고 있다가
너무 멀리 가서
돌아오지 못하면 어쩌나

탄자니아 어느 어부

광주리 어망 속에 걸려든
물고기를 생각하며
힘차게 노를 젓는다

줄을 당기는 손
슬슬 올라오는 광주리 망
기대에 찬 눈

어허라!
고작 두 마리!

기분이 어떠냐는 질문에
"한 마리도 못 잡은 것에 비하면
감사하다."는 말에
가슴이 찡하다

태풍 속 팜트리

잿빛 하늘
큰 태풍이 몰려온다

하늘 높이 우뚝 솟은
팜트리의 부채 같은 가지는
열기를 토해 내며
태풍과 맞대결을 펼치듯 한다

하지만
태풍은 팜트리의 저항을 무시하고

윙윙, 윙윙
큰소리치며 지나간다

2019년 12월 10일
필리핀 골프장 숙소에서

태풍, 하이엔

태풍, 하이엔
방파제를 무너트리고,
바위도 옮겨 놓는다

이름은 착한 듯하지만
실제는 악질이다

그런 놈들이 가끔
세상을 뒤집어 놓지만
막을 길이 없다

지구 온난화가 원인이라니
인간의 자업자득 아닌가!

필리핀에서 만난 장마비

밤새도록 주룩주룩
비가 내린다

날이 밝아도 비는
멈출 줄 모른다

창밖을 보며 줄기차게
내리는 비를 즐긴다

무성한 잡목,
높이 솟은 팜트리
저 멀리 보이는 바다
산과 바다를 가르는 수평선

모든 것들이 내 가슴에
수채화를 그린다

2023년 1월 10일
필리핀의 우기에 연일 내리는
비를 보며

폭우

하늘 가린 비
뭔가 일낼 듯
마구 쏟는다

강둑 무너져
성난 흙탕물
모두 훑는다

에구, 무서워
이를 어쩌나!

필리피노, 조펠

깡마른 체구
굵게 패인 주름
무거운 표정
말없이 일만 한다

어느 날
그가 조용히 입을 연다

아들의 음주, 딸의 간 질환

그것들이
그의 표정을 만들고 있다

자식은 때로 웬수가 된다
필리피노, 조펠의 자식처럼

2023년 1월 7일
조펠의 마음을 헤아리며

필리피노의 행복

필리피노에게
"너희 대통령이 누구냐?"고 물으면
한참 머뭇거리다 "잘 모른다"고 답한다

한국인에게 "대통령이 누구인지?" 물으면
단박에 장난으로 알고
이름은 생략한 채

묻지도 않은 말을 미주알고주알
잘도 털어놓는다

한국이 훨씬 더 잘 살지만
정치에 관심 없어야
행복해질 수 있나 보다

필리피노처럼!

필리핀에서 만난 가뭄

햇볕이 무척 따갑다
공중을 나는 새도 힘들어 보이고
나무들은 조용히 숨을 죽인다

땅이 갈라지며 갈증을 호소하지만
하늘은 모른 체 한다

필리핀의 가뭄은 화덕처럼 뜨거워
모든 것을 말린다

그렇지만
가뭄이 지나면 해갈될 것을 믿으니
모두는 덤덤히 참고 견딘다

2024년 4월

part 10

네팔의 시골 버스가 목적지를 향해서 달리고
있지만 한참을 더 가야 할 듯하다

하늘 낮게 뜬 비행기를 보며

하늘 낮게 뜬 비행기가
선명하게 눈에 들어온다

예전 사람은 비행기를 보면
뭐라 생각했을까
생각조차 못 하고 벌벌 떨었겠지

천재인 세종대왕도 놀라 신하에게 물으니
"상감마마 지금껏 보도, 듣도 못한
괴물인가 봅니다."라고
겁먹고 답했을 듯하다

지금 우리는 그 괴물을 타고
온 세상을 누빈다

얼씨구 좋구나!

2020년 11월 1일
인천 비행장 근처 毛島에서
하늘을 낮게 나는 비행기를 보며

하늘에서 배우는 겸손

하늘에는 해, 달 그리고 별이 있다

해를 오래 보면 눈이 고장 난다
달과 별은 길게 봐도 눈에
문제가 없다

그러나
고개를 들어 하늘을 봐야 하니
목에 병이 생길 거야

모두가 하늘의 교훈,
겸손을 가르친다

2023년 4월 30일

하루하루가 다른 날

하루 지나니 파란 선
또 하루 지나니 검정 선
다시 하루 지나니 노랑 선

나의 주변은 그대로인데,
늘 다른 선을 그린다

오늘 어떤 선이 그려질지
알 수 없다

그러면서
세월은 흘러간다

2011년 6월 7일

학생을 보는 교수의 마음

대학 입시공부로
기 한번 못 폈다고 불평하지만
대학 시절은 쏜살같이 지나간다

이제 따스한 봄날이 곧 지나고
파리와 모기가 극성인 여름 같은
생존경쟁이 도래한다

캠퍼스에서 흥청망청
시간을 허비하는 학생들을 보는
교수의 마음은 편치 않구나!

2008년 어느 봄날
귀한 시간을 허비하는 학생을 보며

한파 속 노숙자

무지 추운 날이다
저녁 무렵 칼바람은
귀갓길 발걸음을 재촉한다

안식처 없는 노숙자들은
살을 파고드는 찬 바람을
피하려 이리저리 기웃거린다

신문지 몇 장 의지해서
차가운 긴 밤을 어찌 지낼지

이들을 보는 마음은
무겁기만 하다

해님 같은 친구

해님은 오늘도 어제처럼
동녘 하늘에 떠오른다
내일도 그리하겠지

수십만 년 전에도 그리했었대
수십만 년 후에도 그리 할 거래

해님 같은 친구가 옆에 있으면
정말 좋겠다

해님에게 물어보자

서재의 창문을 통해서
멀리 보이는 동녘의 검단산
그 봉우리를 붉게 물들이며
솟아오르는 해님

태고부터
세상의 모든 구석, 모든 일을
훤히 알고 계신 해님에게
범죄 예방의 묘안을 여쭤본다
혹시 알고 계시는지

그러나
해님은 아시는지 모르시는지
빙글빙글 웃고만 계신다

2000년
범죄심리학 책을 출간하며

행복한 사나이

아름다운 금수강산!
차창을 통해 스치는 풍경은
나를 감탄으로 물들게 한다

금상첨화라!
옆자리에 소프라노, 아내가
잔잔히 부르는 "Amazing Grace"는
나의 청각과 시각 모두를
최고의 경지에 이르게 한다

이 세상 누가 나와 비교될 수 있을까?
트럼프 대통령? 방탄소년단?

아니야
정말 아니야
달리는 차 속에서
감탄으로 가득 찬 내가 으뜸이야

2016년 5월
통영에서 서울로 향하는 차 속에서

흐르는 눈물

가야 하나
말아야 하나
혼자 고민해 오다
"가겠다"는 작별 소리에
엉엉 울며 보내던 당신

떨어져서야 깊은 사랑을 깨닫고
흐르는 눈물
끊임없이 흐르네

2006년
플로리다 대학 객원교수로
혼자 떠나며

다행스러운 삶

늘 달관한 마음으로
살려고 애를 쓰지만
뜻대로 되지 않으니
그것이 인생인가 보다

어지러운 세상
잡것에 물들지 않고
사는 것만 해도 다행이다

잡것,
그게 무언데?
마약, 사기, 이단 종교 같은 것이야!

강물처럼 흐르는 세월

벌써 한 주의 중간에 있다
눈을 몇 번 더 감고 나면
또 한 달을 보내게 된다

세월은 그렇게, 저렇게
강물처럼 흘러간다

어허! 벌써 한 해의 중간이다

조금 있으면,
젊은이, 늙은이 모두가
큰일을 만난 듯 호들갑을 떨겠지

연말이라고
새해를 맞이한다며
종착역에 다가가는 줄 모르고

좋은강

ⓒ 홍성열, 2025

초판 1쇄 발행 2025년 10월 10일

지은이	홍성열
펴낸이	이기봉
편집	좋은땅 편집팀
펴낸곳	도서출판 좋은땅
주소	서울특별시 마포구 양화로12길 26 지월드빌딩 (서교동 395-7)
전화	02)374-8616~7
팩스	02)374-8614
이메일	gworldbook@naver.com
홈페이지	www.g-world.co.kr

ISBN 979-11-388-4553-3 (03810)

- 가격은 뒤표지에 있습니다.
- 이 책은 저작권법에 의하여 보호를 받는 저작물이므로 무단 전재와 복제를 금합니다.
- 파본은 구입하신 서점에서 교환해 드립니다.